ME ENCANTA DORMIR EN MI PROPIA CAMA

ME GUSTA TENER MI HABITACIÓN LIMPIA

ME ENCANTA LAVARME LOS DIENTES

www.sachildrensbooks.com
Copyright©2013 by Inna Nusinsky Shmuilov
innans@gmail.com

All rights reserved. No part of this book may be reproduced in any form or by any electronic or mechanical means, including information storage and retrieval systems, without written permission from the publisher or author, except in the case of a reviewer, who may quote brief passages embodied in critical articles or in a review.

Todos los derechos reservados. Ninguna parte de este libro se puede utilizar o reproducir de cualquier forma sin el permiso escrito y firmado de la autora, excepto en el caso de citas breves incluidas en reseñas o artículos críticos.

First edition, 2016
Traducción al inglés de Laura Bastons Compta
Translated from Englsih by Laura Bastons Compta

I love to... Bedtime Collection (Spanish Edition)/ Shelley Admont
ISBN: 978-1-77268-668-5 paperback
ISBN: 978-1-77268-669-2 hardcover
ISBN: 978-1-77268-667-8 eBook

Although the author and the publisher have made every effort to ensure the accuracy and completeness of information contained in this book, we assume no responsibility for errors, inaccuracies, omission, inconsistency, or consequences from such information

ME ENCANTA DORMIR EN MI PROPIA CAMA

Jimmy, el pequeño conejito, vivía con su familia en el bosque.

Vivía en una preciosa casa con su madre, su padre y sus dos hermanos mayores.

A Jimmy no le gustaba dormir en su propia cama. Una noche, antes de acostarse, le preguntó a su madre:

-¿Mamá, puedo dormir contigo? No me gusta dormir sólo en mi cama.

-Cariño, – dijo su mamá- cada uno tiene su propia cama y la tuya es perfecta para ti.

-Pero mamá, no me gusta nada mi cama, -respondió Jimmy-. Yo quiero dormir contigo.

-Vamos a hacer esto, -dijo mamá-. Te vas a poner en tu cama y te voy a abrazar, a tapar y os voy a leer un cuento a ti y a tus hermanos.

-Después, te daré un beso y me quedaré junto a ti hasta que te duermas.

-Vale, - aceptó Jimmy, y le dio un beso a su madre.

Mamá abrazó a Jimmy y leyó un cuento a sus tres hijos. Durante el cuento los niños cayeron dormidos.

Mamá les dio un beso de buenas noches a todos y se fue a dormir a su habitación.

A mitad de la noche Jimmy se despertó, se sentó en la cama, miró a su alrededor y vio que su madre no estaba con él.

Entonces, se levantó de la cama, cogió su cojín y su manta, y entró sigilosamente en la habitación de sus padres.

Se puso en su cama, abrazó a su madre y se durmió. Durmieron así toda la noche hasta la mañana siguiente.

La noche siguiente, Jimmy se despertó otra vez, cogió su cojín y su manta e intentó abandonar la habitación como en la noche anterior.

Pero después, su hermano mediano se despertó.

-¿Jimmy, a dónde vas? –preguntó.

-Ah! Ah! -Jimmy balbuceó- a ningún sitio. ¡Vuelve a la cama!

Él rápidamente corrió a la habitación de sus padres, se escabulló en su cama y fingió dormir.

Pero su hermano mediano era muy astuto.

"Me pregunto qué está pasando aquí", pensó su hermano, y decidió seguir a Jimmy.

Cuando descubrió que Jimmy estaba durmiendo en la cama de sus padres se enfadó.

"¿Así que eso funciona así, no?", pensó. "Si a Jimmy le permiten hacer eso, yo también lo quiero".

Mamá oyó sonidos extraños, abrió los ojos y vio a sus dos hijos en su cama.

Les hizo un hueco en la cama arrimándose a un pequeño rincón.

Otra vez, durmieron así toda la noche hasta la mañana siguiente...

La tercera noche pasó lo mismo. Jimmy se despertó, cogió su cojín y su manta y fue a la habitación de sus padres.

Su hermano le siguió otra vez y se puso en la cama de sus padres con su cojín y su manta.

Pero esta vez el hermano mayor también se despertó.

"Algo no está bien aquí" pensó, y siguió a sus dos hermanos pequeños hacia la habitación de sus padres.

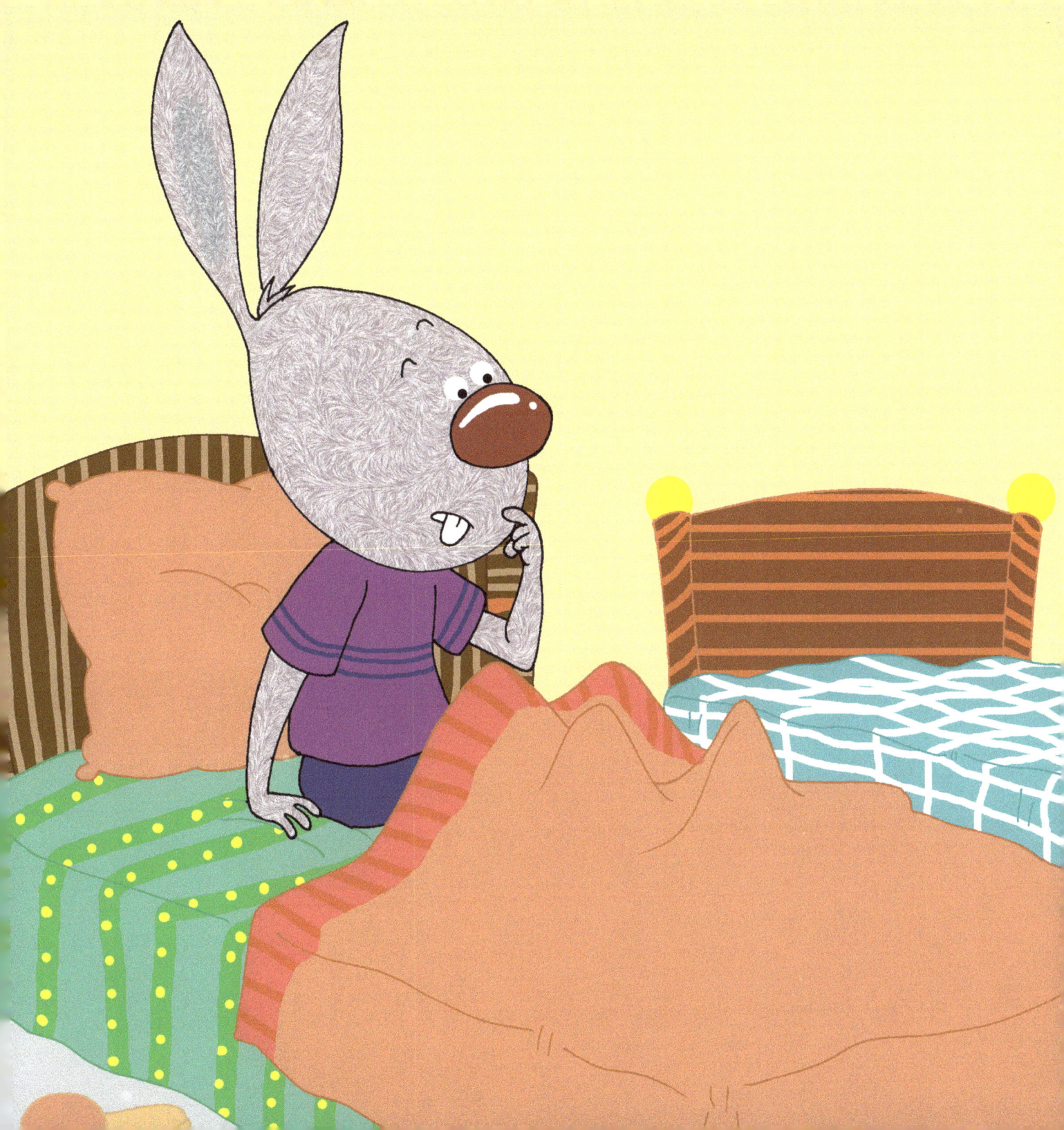

Cuando el hermano mayor vio a sus dos hermanos durmiendo junto a su mamá y su papá se puso muy celoso.

"Yo también quiero dormir en la cama de mamá y papá," pensó, y silenciosamente se puso en su cama.

Durmieron así toda la noche. Los tres hermanos conejitos se encontraban en la cama de sus padres mientras ellos intentaban encontrar un rincón en ella.

Fue muy incómodo para ellos, mamá y papá no durmieron bien en toda la noche. Dando una y otra vez vueltas en la cama intentaban encontrar el mejor modo de dormir.

No fue fácil para los pequeños conejitos tampoco. Ellos también giraban una y otra vez en la cama intentando encontrar una posición cómoda hasta que amaneció.

Después, de golpe... ¡boom! ...¡bang! ...¡la cama se rompió!

-¿Qué pasó? -gritó Jimmy cuando se despertó de golpe.

-¡Ahh! -gritó el hermano mediano quién también se despertó.

-¡Uoo! -gritó el hermano mayor, estirado en el suelo.

-¿Qué vamos a hacer ahora? -dijo la mamá triste.

-Tendremos que construir una cama nueva, -respondió el papá-. Después del desayuno, iremos al bosque y empezaremos a trabajar.

Después de desayunar toda la familia se fue al bosque y empezó a construir una nueva cama.

Después de estar trabajando todo el día habían hecho una cama de madera grande y fuerte. La única cosa que faltaba era decorarla.

-Hemos decidido pintarla de marrón, -dijo mamá-, y vosotros hijos podéis escoger el color que queréis para pintar vuestras camas.

-Yo la quiero azul -dijo el hermano mayor con entusiasmo y corrió a pintar su cama de color azul.

-Y yo escojo el color verde, -respondió el hermano mediano contento.

Jimmy escogió el color rojo y el color amarillo. Mezcló el rojo con el amarillo e hizo su color favorito… **¡el naranja!**

Pintó su cama de naranja y la decoró con estrellas rojas y amarillas. Había estrellas grandes, medianas y hasta había estrellas muy, muy pequeñas.

Cuando terminó de pintar su cama corrió hacia su mamá y le gritó orgulloso:
-¡Mamá, mira mi cama qué bonita! Me encanta. Quiero dormir en ella cada noche.

La mamá sonrió y le dio a Jimmy un abrazo muy fuerte.

Desde entonces, Jimmy ha dormido en su cama naranja cada noche y le encanta dormir allí.

¡Buenas noches Jimmy!

ME ENCANTA LAVARME LOS DIENTES

Llegó la mañana y el sol brillaba en el lejano bosque. Allí, en una diminuta casa, vivía el pequeño conejito Jimmy con sus padres y sus dos hermanos mayores.

Mamá entró en la habitación que Jimmy compartía con sus hermanos.

Primero besó al hermano mayor, quien dormía plácidamente en su cama azul, y después le dio un beso al hermano mediano que todavía dormía en su cama verde.

Finalmente, mamá fue a la cama naranja de Jimmy y le dio un beso.

—¡Buenos días, niños! —dijo mamá—.
Es hora de levantarse.
Tras levantarse de la cama, el hermano mayor se fue al baño.

—¡Guau! —gritó—. ¡Tengo un nuevo cepillo de dientes! Es azul, mi color favorito. ¡Gracias, mamá! Y empezó a cepillarse los dientes.

El hermano mediano lo siguió.

—¡Yo también tengo un cepillo de dientes nuevo y el mío es verde! —exclamó, mientras también empezaba a cepillarse los dientes.

Jimmy se levantó de la cama y caminó lentamente hacia el baño. *"¿Por qué molestarse en cepillarme los dientes?"* pensó. *"Mis dientes están bien como están"*.

—Mira, Jimmy —dijo su hermano mayor—. Tú también tienes un cepillo de dientes nuevo. Es naranja como tu cama.

—Así que tengo un nuevo cepillo de dientes, ¡gran cosa!—. Jimmy se detuvo frente al espejo, pero aún así no empezó a cepillarse los dientes.

—Chicos, ¡daros prisa! El desayuno está casi listo —oyeron que decía suavemente su madre—. ¿Habéis terminado todos de cepillaros los dientes?

—Yo he terminado —contestó el hermano mayor saliendo del baño.

—Yo también —respondió el hermano mediano, corriendo hacia la cocina tras su hermano.

—Mamá, yo también he terminado de cepillarme los dientes —gritó Jimmy.

Y estaba a punto de salir del baño cuando oyó una voz.

—Mentir no está bien —dijo la voz—. No te has cepillado los dientes.

—¿Quién dijo eso? —preguntó Jimmy mirando a su alrededor, confuso.

—Aquí —respondió la voz—.

Jimmy se sorprendió al ver que su nuevo cepillo naranja le hablaba frunciéndole el ceño.

Allí, parado sobre el mostrador. Sencillamente, no podía creer lo que veían sus ojos.

—Un cepillo no puede hablar —dijo Jimmy con voz aturdida.

—Por supuesto que puedo. Soy un cepillo de dientes mágico —dijo el cepillo de dientes—. Mi trabajo es hacer que todo el mundo se cepille los dientes.

Jimmy soltó una carcajada como respuesta.
—No me he lavado los dientes y no me ha pasado nada malo.

—Mírate —dijo el cepillo—. Tus dientes están amarillos y tu aliento huele horriblemente mal.

—Eso no es cierto, cepillo. ¡Te lo estás inventando! —Jimmy cogió el cepillo de dientes y lo lanzó lejos, apuntando a la esquina del cuarto de baño. A continuación, corrió a la cocina para desayunar.

—Esa no es manera de tratarme —dijo el cepillo—. Soy un cepillo de dientes mágico. ¡Le demostraré lo importante que soy!

Por entonces, Jimmy ya se había sentado en la mesa de la cocina junto a sus hermanos.

Había cogido un bocadillo y se disponía a llevárselo a la boca. Pero, entonces, el bocadillo saltó desde las manos de Jimmy al plato de su hermano mayor.

En lugar del bocadillo, Jimmy se había mordido los dedos, ¡y lo había hecho con mucha fuerza!

—¡Ay, me duele! —gritó.

—¿De quién es este bocadillo? —preguntó el hermano mayor.

—Mi bocadillo se me escapó —respondió a Jimmy—. ¡Es mío!

—Tienes una gran imaginación, cariño. ¿Cómo puede escaparse un bocadillo? —preguntó su madre.

—No sé cómo, pero eso es lo que pasó —dijo Jimmy.

Entonces, mamá le dio un plato lleno de ensalada.

—Mira, tal vez prefieras comer una deliciosa ensalada en lugar de eso —dijo la madre.

—Bien, me encanta la ensalada —dijo Jimmy, a punto de empezar a comer. De repente, el plato de ensalada saltó encima de la mesa y fue a parar junto a su hermano mediano.

—Mira —dijo el hermano mediano—. ¿Cómo ha venido a parar aquí tu plato?

—¡Tenías razón, cariño! ¡La comida huye de ti! —dijo su madre asombrada—. ¡Esto es muy raro!

—Mamá, tengo hambre. ¿Qué puedo comer? —dijo Jimmy.

Mamá pensó por un momento.

—¿Qué tal tu pastel de zanahoria favorito? Te voy a dar una gran rebanada.

—¡Oh!, ¡Sí, pastel de zanahoria! —gritó Jimmy con gran alegría—. ¡Gracias, mamá!

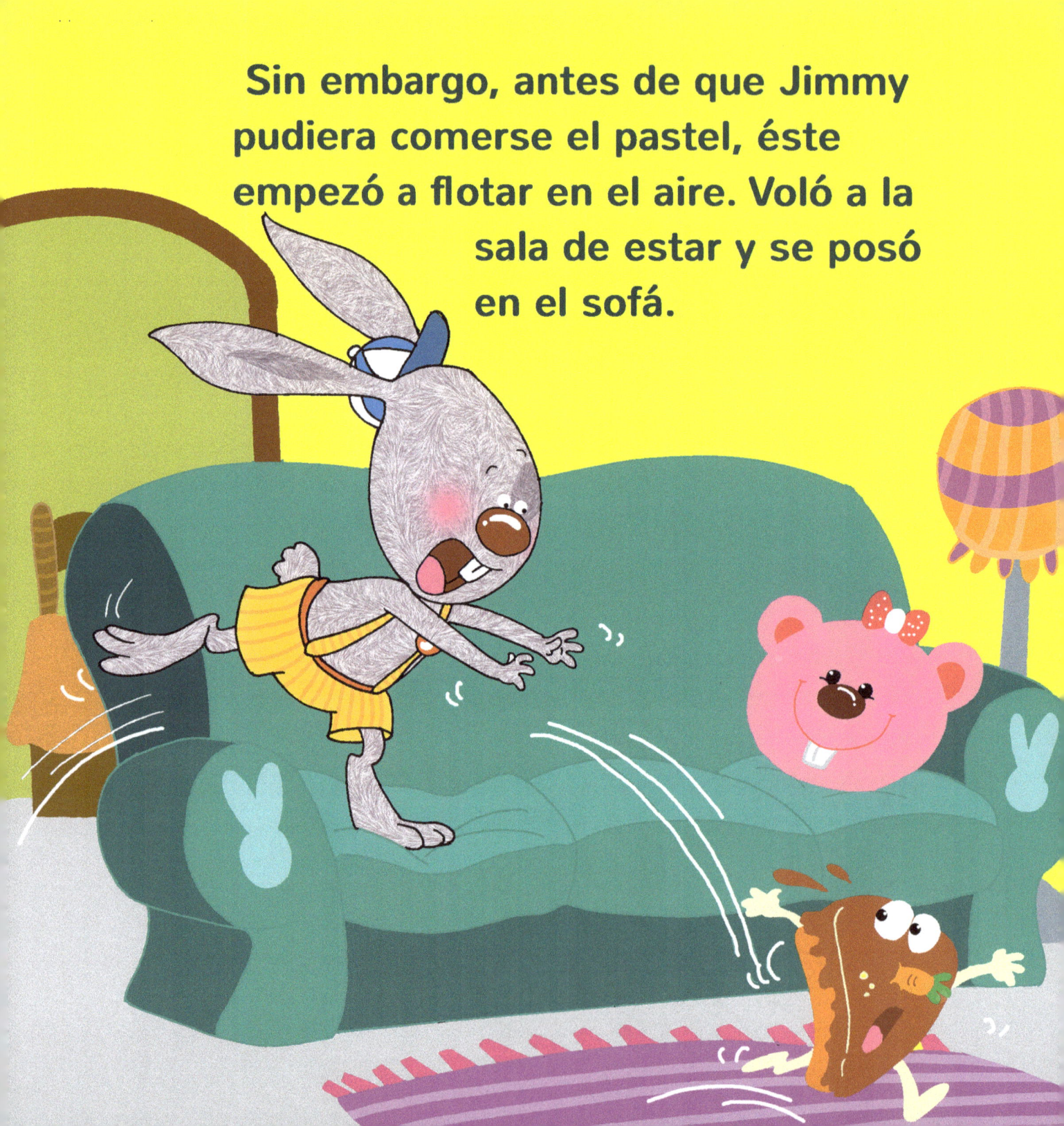

Sin embargo, antes de que Jimmy pudiera comerse el pastel, éste empezó a flotar en el aire. Voló a la sala de estar y se posó en el sofá.

Jimmy empezó a perseguir el pedazo de pastel. Saltó sobre el sofá, pero la tarta regresó a la mesa.

Jimmy volvió corriendo a la mesa y luego la tarta voló fuera de la casa. Jimmy corrió tras ella.

El pastel daba vueltas alrededor de la casa mientras Jimmy corría tras él. Otra vuelta y otra vuelta, y Jimmy todavía perseguía a su pastel.

Hasta que, por fin, se quedó sin aliento. Cansado, Jimmy se sentó en la entrada de la casa y empezó a llorar.

En ese mismo momento, dos de sus amigos pasaban por delante de la casa.

—¡Hola, Jimmy!—saludaron—. ¡Ven a jugar con nosotros!

—¡Sí, me gustaría! —dijo Jimmy corriendo hacia ellos—. ¡No os vais a creer lo que me ha pasado hoy!

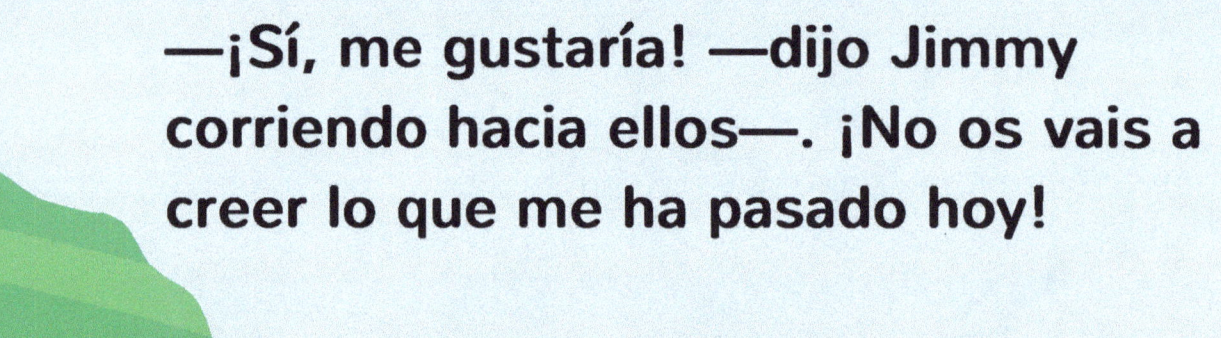

Pero, en cuanto abrió la boca, sus amigos dieron un paso atrás mientras le decían:

—¡Ay, qué olor! Iremos a jugar a otro sitio mientras te cepillas los dientes—. Y salieron corriendo.

Estallando en llanto una vez más, Jimmy entró en su casa. Se fue al cuarto de baño y vio cómo el cepillo de dientes mágico estaba dando vueltas en el aire.

—¡Hola, Jimmy! Te he estado esperando. ¿Quieres cepillarte los dientes ahora?

—Jimmy asintió con la cabeza.

Entonces, Jimmy comenzó a cepillarse los dientes, de un lado a otro, de arriba a abajo, de delante hacia atrás.

Se cepilló los dientes hasta que quedaron blancos y brillantes.

Contemplando con orgullo su reflejo en el espejo, Jimmy dijo:
—¡Gracias, cepillo! Cepillarme los dientes ha sido incluso agradable y divertido.

—¡Se te ve bien! —dijo el cepillo—. Por cierto, me llamo Leah. Y estaré siempre aquí para ayudarte.

Así fue como Jimmy y Leah se hicieron buenos amigos.

Desde ese día, se ven dos veces al día para proteger los dientes de Jimmy, ayudándoles a que crezcan fuertes y sanos.

Era una mañana soleada de domingo en un bosque lejano. Tres hermanos conejos acababan de despertarse cuando su madre entró en la habitación.

-¡Buenos días, chicos! -dijo la madre-. Os he oído moveros por aquí.

-Mami, pero no tenemos por qué levantarnos -dijo el hermano mayor.

-Hoy es domingo, podemos dormir todo lo que queramos -añadió el hermano mediano con una sonrisa.

-¡Yo todavía estoy durmiendo! -dijo Jimmy, el menor de los hermanos, mientras se tumbaba de nuevo en su cama y cerraba los ojos-. Todos los conejos, hermanos y madre, empezaron a reír a carcajadas.

—Está bien —dijo mamá tras calmarse—. Podéis quedaros en la cama un rato más, pero yo tengo que salir.

Necesito visitar a vuestra abuelita hoy y tendréis que quedaros con vuestro padre hasta que yo vuelva.

-Cuando os levantéis de la cama, cepillaros los dientes y tomad el desayuno -explicó la madre-. ¡También os he preparado una sorpresa para el postre! Los hermanos sonrieron haciéndose guiños entre ellos.

-Tras eso, podéis leer algún libro o jugar con vuestros juguetes -dijo la madre-. Sí, podéis salir a jugar al baloncesto o con las bicicletas.

-¡Qué bien!- Los hermanos conejos comenzaron a saltar en las camas mostrando su felicidad.

-Pero... -continuó mamá- os hago responsables de limpiar vuestra habitación. Cuando yo vuelva, quiero ver esta casa limpia y ordenada, tal y como está ahora. ¿Podréis hacerlo?

-¡Claro mamá! -respondió el hermano mayor orgullosamente-. Ahora somos mayores y podemos ser responsables.

Después de lavarse los dientes, papá les sirvió un delicioso desayuno y luego un postre aún más delicioso. ¡Y comenzó la diversión!

Los conejitos comenzaron a jugar con un rompecabezas.

Continuaron con los bloques de madera para la construcción y luego jugaron juntos a construir la vía del tren antes de ponerlo en marcha.

-Esta vía del tren es mi favorita -dijo Jimmy mientras encendía el botón-. El tren hizo vibrar la vía al moverse.

-Es el mejor regalo que recibí en mi último cumpleaños.

Después de jugar durante horas dentro de la casa, los conejitos estaban aburridos.

-¡Vamos a jugar fuera! -dijo el hermano mediano mirando por la ventana.

-¡Sí!, pero necesitamos limpiar esto antes -dijo el hermano mayor.

-¡Bah!, tenemos mucho tiempo antes de que mami regrese -respondió Jimmy-. Ya limpiaremos después.

Los hermanos mayores estuvieron de acuerdo y salieron a jugar.

Fuera de la casa, los tres hermanos conejitos disfrutaron de un tiempo soleado. Finalmente, decidieron jugar al baloncesto.

-Necesitaremos la pelota de baloncesto -dijo el hermano mayor-. Pero no recuerdo dónde la hemos puesto.

-Debería estar en aquella caja junto con los otros juguetes de deportes -respondió el hermano mediano.

-Creo que está debajo de mi cama -agregó Jimmy-. Es igual, debe de estar en algún sitio en nuestra habitación. Voy a buscarla -dijo Jimmy mientras corría hacia la casa, esperando encontrar la pelota.

Cuando abrió la puerta de su habitación se sorprendió.

El suelo estaba cubierto de piezas de rompecabezas, bloques de construcción, coches, vías de tren y otros juguetes.

-¿Quién ha hecho este desorden? - dijo y comenzó a caminar con mucho cuidado, tratando de no pisar nada.

De pronto, se balanceó y perdió el equilibrio. Intentó mantenerse en pie pero no pudo y cayó directamente sobre su tren favorito.

-¡Ay! -gritó mientras veía las ruedas del tren volando en diferentes direcciones-. ¡Noooooo, mi tren! Jimmy comenzó a llorar. ¡Mi tren favorito!

-¿Estás bien cariño? -papá apareció en la puerta-. No podía entrar en la habitación por culpa del desorden.

-Estoy bien, pero mi tren..., -lloró Jimmy, señalando hacia las ruedas rotas del tren.

-No puedo ver el tren -dijo papá-. ¿Y qué ha pasado exactamente en esta habitación?

-Solamente estábamos jugando... luego nos fuimos fuera -dijo Jimmy mientras las lágrimas corrían por sus mejillas.

-Jimmy, ¿por qué tardas tanto? -se escucharon las voces de los dos hermanos corriendo hacia la casa.

-¡Ohhhhh, ohhhh! Esto no pinta bien -dijo el hermano mayor al pararse junto a su padre y mirar la habitación.

-¿Nosotros hemos hecho todo esto? -preguntó el hermano mediano, sorprendido.

-¡Mi tren se ha roto! -Jimmy no paraba de llorar.

-No llores Jimmy -le dijo el hermano mayor-. Ya pensaremos en algo, ¿papá?
-Puedo echarle un vistazo. Quizás pueda pegarlo -dijo papá.

—Pero necesitáis limpiar todo esto. Traed el tren y las ruedas cuando las encontréis.

Y con esas palabras papá salió de la habitación.

-Necesitamos darnos prisa, antes de que mamá vuelva -dijo el hermano mayor-. Comenzaron a colocar los juguetes en su sitio y ayudaron a Jimmy a levantarse.

-¡Ay!, arreglar es aburrido -dijo Jimmy susurrando y contemplando todo el desorden en la habitación.

-¡Vamos a jugar al juego de ordenar! -exclamó el hermano mayor-. Jimmy se alegró de escuchar esas palabras.

-¡La tormenta se acerca! –gritó-. Necesitamos ayudar a todos los juguetes a volver a sus casas.

-¡Somos superhéroes! -gritó el hermano mediano, mientras recogían los juguetes del suelo y los colocaban cada uno en su sitio-. ¡Estamos aquí para ayudar!

Recogieron todo y, tras eso, cada uno hizo su cama.

Los hermanos ordenaron y limpiaron todo, mientras jugaban y disfrutaban con el juego.

-¡Todas las ruedas están aquí! -dijo Jimmy, corriendo hacia su padre con el tren roto y las ruedas en sus manos.

-¡Encontré la pelota de baloncesto! -gritó el hermano mediano con alegría.

-Ponla en su caja y....habremos terminado -dijo el hermano mayor lleno de felicidad.

—¡Fue realmente divertido! —exclamó el hermano mediano sentándose en su cama—. ¡Pero nos llevó toda una hora! Había mucho desorden.

—¡No! —gritó Jimmy entrando en la habitación—. ¡No te sientes ahí!

—¿Qué?, ¿por qué? —preguntó su hermano mediano, saltando de la cama.

—Porque la acabas de hacer. Si te sientas ahí ahora, tendrás que hacerla de nuevo —explicó Jimmy.

—Sí, creo que tienes razón —agregó el hermano mediano mientras se quedaba de pie junto a la cama.

—Quizás os gustaría leer un libro ahora —dijo el hermano mayor, acercándose a la librería.

-No toques esos libros -gritó Jimmy-. ¡Los he ordenado por colores!

-¡Perdón! -dijo el hermano mayor-. Pero entonces, ¿qué hacemos? No podemos jugar con nada.

Todos se quedaron en silencio en la habitación. Pensaron durante un minuto y, entonces, el hermano mayor gritó:

-¡Tengo una idea! -Los dos hermanos menores lo escuchaban atentamente.

-¡Qué tal si limpiamos después de cada juego? —sugirió-. Así no tardaríamos tanto tiempo en poner los juguetes en su sitio.

-Probemos -dijo Jimmy muy contento.

Primero, el hermano mayor leyó a sus dos hermanos pequeños un maravilloso libro con imágenes animadas. Cuando terminaron de leerlo, lo colocaron de nuevo en la librería.

Luego, construyeron una gran torre con sus bloques de colores. Cuando terminaron, pusieron los bloques en su caja, y... ¡la habitación seguía limpia!

En ese momento, mamá y papá llamaron a la puerta.

-¡Os he echado mucho de menos! -dijo mamá-. Pero veo que os habéis organizado para mantener la habitación limpia. Estoy muy orgullosa de vosotros.

-¡Y aquí está tu tren, Jimmy! -dijo papá dándole el juguete-. Las ruedas estaban pegadas y Jimmy sonrió.

-¿Quién quiere probar las galletas que la abuelita ha hecho para vosotros? -preguntó mamá.

-"¡Yo! -gritaron los hermanos y también papá.

-Pero vamos a comerlas en la cocina, no en esta habitación limpia -dijo Jimmy muy serio-. ¿Verdad mamá?

La familia entera comenzó a reír a carcajadas. Después, se dirigieron a la cocina a comer las galletas.

Desde ese día, a los hermanos les gusta mantener su habitación limpia y ordenada.

Juegan con todos sus juguetes pero cuando terminan, colocan todo de nuevo en su sitio.

Y nunca tardan mucho tiempo en volver a dejar limpia su habitación.

www.ingramcontent.com/pod-product-compliance
Lightning Source LLC
Chambersburg PA
CBHW051257110526
44589CB00025B/2859